Bettina Schwabl

Die Entstehung früher Shoppingkultur

Betrachtung kulturgeschichtlicher Entwicklungen

Bachelor + Master
Publishing

Schwabl, Bettina: Die Entstehung früher Shoppingkultur. Betrachtung
kulturgeschichtlicher Entwicklungen, Hamburg, Diplomica Verlag GmbH 2012
Originaltitel der Abschlussarbeit: Das frühe Warenhaus als Angelpunkte der Moderne in
der Zeit von 1850 - 1910

ISBN: 978-3-86341-407-8
Druck: Bachelor + Master Publishing, ein Imprint der Diplomica® Verlag GmbH,
Hamburg, 2012
Zugl. Universität Wien, Wien, Österreich, Bachelorarbeit, Februar 2012

Bibliografische Information der Deutschen Nationalbibliothek:
Die Deutsche Nationalbibliothek verzeichnet diese Publikation in der Deutschen
Nationalbibliografie; detaillierte bibliografische Daten sind im Internet über
http://dnb.d-nb.de abrufbar.

Die digitale Ausgabe (eBook-Ausgabe) dieses Titels trägt die ISBN 978-3-86341-907-3
und kann über den Handel oder den Verlag bezogen werden.

Dieses Werk ist urheberrechtlich geschützt. Die dadurch begründeten Rechte,
insbesondere die der Übersetzung, des Nachdrucks, des Vortrags, der Entnahme von
Abbildungen und Tabellen, der Funksendung, der Mikroverfilmung oder der
Vervielfältigung auf anderen Wegen und der Speicherung in Datenverarbeitungsanlagen,
bleiben, auch bei nur auszugsweiser Verwertung, vorbehalten. Eine Vervielfältigung
dieses Werkes oder von Teilen dieses Werkes ist auch im Einzelfall nur in den Grenzen
der gesetzlichen Bestimmungen des Urheberrechtsgesetzes der Bundesrepublik
Deutschland in der jeweils geltenden Fassung zulässig. Sie ist grundsätzlich
vergütungspflichtig. Zuwiderhandlungen unterliegen den Strafbestimmungen des
Urheberrechtes.

Die Wiedergabe von Gebrauchsnamen, Handelsnamen, Warenbezeichnungen usw. in
diesem Werk berechtigt auch ohne besondere Kennzeichnung nicht zu der Annahme,
dass solche Namen im Sinne der Warenzeichen- und Markenschutz-Gesetzgebung als frei
zu betrachten wären und daher von jedermann benutzt werden dürften.

Die Informationen in diesem Werk wurden mit Sorgfalt erarbeitet. Dennoch können
Fehler nicht vollständig ausgeschlossen werden, und die Diplomarbeiten Agentur, die
Autoren oder Übersetzer übernehmen keine juristische Verantwortung oder irgendeine
Haftung für evtl. verbliebene fehlerhafte Angaben und deren Folgen.

© Bachelor + Master Publishing, ein Imprint der Diplomica® Verlag GmbH
http://www.diplom.de, Hamburg 2012
Printed in Germany

INHALTSVERZEICHNIS

1 EINLEITUNG 1
2 LÄNDERSPEZIFISCHE ENTWICKLUNGEN 3
   2.1 England 3
   2.2 Frankreich 5
   2.3 Deutschland 7
   2.4 Die Weltausstellung der Industrie von 1851 9
3 RESTRUKTURIERUNG DER WIRTSCHAFT 12
   3.1 Handwerk und Zünfte 12
   3.2 Kapitalakkumulation des Frühkapitalismus und dessen Expansionsbestrebung 12
4 ORGANISATION DES DETAILHANDELS 14
   4.1 Übernahme industrieller Formen in den Handel 14
   4.2 Der Handel 15
   4.3 Transport und Lage als Erfolgsfaktoren des Warenhauses 16
   4.4 Stilisierte Globalisierung 17
5 DIE GESELLSCHAFT DER MODERNE 20
   5.1 Theoretische Betrachtungen 20
      5.1.1 Innengerichteter Konsum 20
      5.1.2 Demonstrativer Konsum nach Thorstein Venblen 21
      5.1.3 Konsum der Individualisierung nach Georg Simmel 22
   5.2 Moderne Gesellschaft: ein Ort der „Gleichberechtigung"? 23
      5.2.1 Demokratisierung des Konsumierens 23
      5.2.2 Schaffung neuer Geschlechterverhältnisse 24
6 DIE ARCHITEKTUR DES WARENHAUSES 27
   6.1 Warenpräsentation 28
   6.2 Technik der Moderne 29
7 QUELLENINTERPRETATION : PAUL GÖHRE ÜBER DAS WARENHAUS 31
8 MODERNE RELIGION 33
9 RESÜMEE 35
10 LITERATURNACHWEISE 38
   10.1 Buchtitel 38
   10.2 Internet 39
   10.3 Abbildungen 39

1 EINLEITUNG

Das moderne Warenhaus ist das erste gesamtheitliche Selbstzeugnis moderner Gesellschaften. In seinen Bau manifestieren sich gesellschaftsimmanente Dynamiken und eine neue Mentalität der Organisation menschlicher Zivilisationen. Es repräsentiert das Bewusstsein der Menschen, welche eine neue Gedankenwelt erschaffen hatten, in welcher der selbst Mensch Herr über sich und sein Geschick geworden war.

Doch warum entspricht der Einführung des Warenhauses ein derartiger Modernisierungscharakter der Gesellschaft? Welche Phänomene „moderner" Gesellschaftsstrukturen werden hier miteinander verknüpft? Welche gesellschaftlichen bzw. wirtschaftlichen Bedingungen mussten für die Etablierung des Warenhauses gegeben sein? Wie konnte die Etablierung des Warenhauses Wirtschaft und Gesellschaft verändern? Warum konnte sich das Warenhaus trotz weiterer gesellschaftlicher Veränderungen halten? Wird sein Typus Fortbestand haben? Für welche gesellschaftlichen Teilgruppen haben sich die größten Veränderungen ergeben? Kann in Individualisierungsgesellschaften die Institution des Warenhauses der Motor sozialer Homogenisierung sein?

In der Rolle des „Phänomen Warenhaus" als plakatives Symbol am Beginn momentaner Gesellschaftsverhältnisse liegt meiner Meinung nach die Legitimation wissenschaftlicher Auseinandersetzung mit diesem Thema begründet. Die Suche nach Zusammenhang zwischen Jetztzeit, Vergangenheit und künftigen Ereignissen sowie das Gewinnen von Erkenntnissen über das Wesen der Menschheit entspringen meiner Ansicht nach aus dem menschlichsten aller Bedürfnisse; der Suche nach dem Selbst. So habe ich mich gefragt, wo oder worin der Ursprung der Entwicklungen zu einer Gesellschaftsform, so wie jene, in der ich lebe, sein kann. Und da ich diese meine Gesellschaft als eine kapitalistisch-marktorientierte erlebe und verstehe, möchte ich mein wissenschaftliches Bemühen in die Erkenntnis über deren Geburtsstunde stellen. Und frei nach der Sentenz „Ich denke, also bin ich" verstehe ich den Moment der Etablierung des Warenhauses als ersten Augenaufschlag einer sich selbst betrachtenden, neuen, modernen Gesellschaft; dies belegen der zeitgenössische wie gegenwärtige öffentliche und wissenschaftliche Diskurs. So ergaben sich im Laufe meiner Recherche zwei hauptsächliche Fragenstränge, deren Beantwortung mir hoffentlich in der vorliegenden Arbeit gelungen sein wird:

Inwiefern kann das Warenhaus als „Tor zur Moderne" gesehen werden? Welche gesamtgesellschaftlichen Veränderungen beschreibt es?

Die Entstehung und Installierung des frühen Warenhauses, *Grand Magazins* und *departmentstores* zeitgenössischer europäischer Metropolen sowie die damit verbundenen marktwirtschaftlichen, gesellschaftspolitischen sowie sozialen Umwälzungen sollen in dieser Arbeit dargestellt und die Forschung zu diesen Themen hinterfragt werden. Dem aktuellen Forschungsstand nach bestem Wissen und Gewissen folgend, werde ich auf verschiedene theoretische Ansätze eingehen, sie auf die vorliegende Thematik bezogen umreißen und in meine Schlussbetrachtungen einfließen lassen.

Das Warenhaus konnte seinen Platz in der modernen Gesellschaft aufgrund bzw. im Zuge von unterschiedlichen gesellschaftlichen, industriellen und marktwirtschaftlichen Umstrukturierungen fixieren. All diese gesellschaftlichen Neuerungen griffen ineinander und beeinflussten sich gegenseitig; sie alle spielten ihren Part in der Dynamik der Etablierung einer kapitalistischen Konsumgesellschaft. Im Folgenden werde ich versuchen, diese Phänomene getrennt voneinander zu beschreiben, um die historische Entwicklung zeitgenössischer Rahmenbedingungen nachvollziehbar zu machen, die die Entstehung des Warenhauses vorbereiteten.

2 LÄNDERSPEZIFISCHE ENTWICKLUNGEN

"Eindeutige Abgrenzungen der Begriffe Warenhaus und Kaufhaus gibt es bisher nicht"[1], heißt es 1941 bei Arnold Centner[2], der eine Trennung wie folgt suggeriert: das Warenhaus als *„Allbedarfsartikelgeschäft"* zu betrachten, während das Kaufhaus eher *„als Großbetriebliche Form eines Fachgeschäftes oder eines Bedarfsartikelgeschäftes, dessen Sortiment auf Waren eines oder weniger Bedarfszwecke beschränkt ist"* gelten könne. Jedoch, so räumt er ein, gäbe es beinahe nur Mischformen.[3] In dieser Beschäftigung mit seiner Bedeutung allerdings werde ich die begriffliche Differenzierung älterer Diskurse beiseitelassen, da ich die Gewichtung meiner Arbeit eher in der Sozial- als in der Wirtschaftsgeschichte angesiedelt sehe.

2.1 England

"The origins of the British department store are firmly rooted in the twin process of industrialisation and urbanisation"[4], meint Bill Lancaster in seinem sozialhistorischen Aufsatz von 1995. Doch soll man nicht dem naheliegenden Schluss folgen, dass auch das Viktorianische Kaufhaus seinen Ursprung in dieser Gesellschaftsdynamik (durch größere Städte kommt es zur Vervielfältigung der Bedürfnisse, wodurch neue Läden entstünden) gefunden habe. Denn Geschäfte, Verkäufer und Konsumenten hat es immer gegeben und auch wurde noch bis weit ins 19. Jahrhundert hinein in Kleinmanufakturen produziert. Sprich: die Entwicklungsgeschichte des Departmentstores ist komplex wie die der Staatsökonomie und entsprach einer Erneuerung, welche sich im Zuge der industriellen Revolution vollzog. Obwohl das Groß der einfachen Bevölkerung alle Konsumgüter, die nicht der Ernährung dienten, in der spätgeorgisch-frühviktorianischen Phase bei Wanderhändlern kauften, breiteten sich zu dieser Zeit spezialisierte Markthallen und Arkaden in größeren Städten aus. Ihr innerer Aufbau entsprach einer neuen Rationalität, in welcher auch bereits bestehende Märkte umstrukturiert wurden. Lancaster geht hier exemplarisch auf die Reorganisation der Innenstadt des zeitgenössischen Newcastle ein, dessen Angelpunkt

---

[1] Arnold Centner, Die volkswirtschaftliche Bedeutung des Einzelhandels. Breslau 1941, 67f.
[2] In der vorliegenden Arbeit werden die Begriffe des Warenhauses sowie des Kaufhauses der Einfachheit halber synonym verwendet.
[3] Centner, Einzelhandel, 67.
[4] Bill Lancaster, The Department Store. A social history. London, New York 1995, 7ff.

der dort installierte Fleischmarkt war. Dieses Beispiel ist deshalb interessant, da Newcastle zu jener Zeit ein bedeutender Umschlagplatz für Kohle war.

Die hier stattfindenden Ereignisse waren exemplarisch für die damaligen Umwälzungen, die sich in der europäischen Gesellschaft vollzogen. Denn die gesellschaftliche Organisation der ansässigen Bevölkerung wurde durch die marktwirtschaftlichen Prozesse des blühenden Kohlehandles umstrukturiert. So entstanden neue Erwerbstätigengruppen, Angestellte und Manager drifteten in ihrer sozialen Position immer weiter von den Kohlearbei-Kohlearbeitern weg. Gleichzeitig war der Einzelhandel, der keine Nahrungsmittel anbot, auf gehobenes Klientel angewiesen und brauchte deshalb die finanziell schwächeren Schichten nicht als Konsumenten anzusprechen. Arbeiterlöhne waren im nationalen Vergleich hoch und so erklomm auch diese Bevölkerungsschicht eine gewisse finanzielle Disponibilität.

1838 entschied sich Emerson Muschamp Brainbridge, gängie Verkaufsstrategien von Märkten auf sein Textilfachgeschäft anzuwenden:

> „What he offered was clearly marked prices, good quality products considerably cheaper than his rivals and an insistence on cash payment. This cash nexus at once liberated and democratised his shop. [...] Brainbridge had discovered the retailers' philosopher's stone that was to prove to be as profound as steam power to industry."[5]

Dem Kunden wurde hier mittels der reglementierten Überwachung des Wägeprozesses[6] das Gefühl preislicher Stabilität des Marktes vermittelt. Von hier aus breitete sich der organisierte Marktcharakter auch auf andere Sparten aus.[7] Fixpreise und Barverkäufe führten zur Akzentuierung des Lagerumschlages und befähigten den Verkäufer nun bar und in großen Mengen beim Lieferanten zu kaufen, wodurch für ihn die Warenpreise im Einkauf sanken. In Verbindung mit niedrig kalkulierten Gewinnspannen wurde der Konsum für eine sich entwickelnde Mittelschicht attraktiv. Ein ähnlicher Verlauf kann in Manchester beobachtet werden; ebenfalls ein Zentrum des Kohlehandels. Wobei das Stadtzentrum von Manchester (im Gegensatz zu Newcastle) nicht systematisch geplant, sondern durch die lokale Industrie natürlich gewachsen war. Der Bazar in Manchester (errichtet in

---

[5] Lancaster, Department Store, 9f.
[6] Das Aufkommen der Fixpreise im modernen Einzelhandel hatte wesentlich weitreichendere Folgen als das positive Gefühl der Käufer; zum einen wurde das Risiko der Produktionspreisschwankungen auf den Handel übertragen (also dem Konsumenten abgenommen) und andererseits folgte dieser Preisdemokratisierung die Homogenisierung der Konsumentenmasse durch den allgemeineren Zugang zu einem diversifizierten Warenangebot. Vergleiche Kapitel 4.3 *Der Handel* sowie Kapitel 5.2.1 *Demokratisierung des Konsumierens*.
[7] Lancaster, Department Store, 7f.

Deansgate 1832) hatte ursprünglich ähnliche Einrichtungen in London zum Vorbild gehabt, die ihrerseits wiederum dem Pariser Beispiel der frühsozialistischen Phalanstérès gefolgt waren.

Der Begründer des Deangatemarktes, John Watts, wollte also nach diesem Modell eine Markthalle aufbauen, in welcher er Läden an Händler unterschiedlicher Branchen vermietete, um größtmögliche Warendiversität anbieten zu können. Um dieses Konzept zu unterstützen, wurden die Verkaufsräume lediglich für die Dauer einer Woche vermietet, was für die Händler allerdings bedeutete, dass sie sich auf Barverkäufe beschränken mussten. So etablierten sich die Einrichtung fixer Preise und deren Ausschilderung.

Anders als in Newcastle aber, übernahm ein Stoffhandel die Halle mitsamt des neues Geschäftsmodelles und richtete ein Stoffwarenhaus ein. Dieser neue Prototyp des Departmentstores stellte also durch seine Warendiversität eine Brücke zwischen Angebot und Nachfrage in Puncto Bedürfnisschaffung dar: Wer sich hier Stoff zur Selbernähen eines Kleides kaufte, würde bald wiederkommen und sich Stoffe für passende Accessoires besorgen; nach dem Vorbild des französischen Modebewusstseins.

2.2 Frankreich

Die Verbindungen und Parallelen zur französischen Handelslandschaft sind nicht von der Hand zu weisen. Unter napoleonischer Herrschaft sollte Paris zum Zentrum der modernen Welt avancieren und London in keiner Hinsicht nachstehen. Also musste zunächst der ökonomische *gap* zwischen den Metropolen rasch aufgeholt werden – schon 1855 wurde im Louvre eine zweite Weltausstellung[8] installiert.[9] Doch was hat die Ausrichtung einer Ausstellung mit der Etablierung des Warenhauses zu tun?

Erstens sehen wir, dass zu jener Zeit die europäischen Wirtschaftsmodelle bereits angeglichen werden, die Metropolen und Volkswirtschaften sich somit im direkten Vergleich befanden und zweitens entstand zu jener Zeit ein neues Verständnis für die Bedeutung von Produktion und Konsum; für Industrie, Handel und Endverbraucher. Auch finden wir in der Weltausstellung eine bauliche Konstruktion, welche zum Bummeln einlädt, also eine Art prämoderne Shoppingmall, die parallel zum Warenhaus bestand. Durch die Mall

---

[8] Die Erste Industrie-Weltausstellung fand in London 1851 statt.
[9] Lancaster, Department Store, 16f.

flanieren konnte jeder, doch sich die (ausgepreisten) Waren leisten, konnten nicht alle dieser *window shopper*.

So meint Lancaster über die betörende Wirkung phantastischer Auslagengestaltung: *"In a sense just admiring the goods on display indicated appreciation of modern society; ownership offered full membership of the club. [The] spectacle and browsing were integral to the success of the exposition and these elements had tremendous potential for retailing."*[10]

Der Erfolg der großen Warenhäuser ging darauf zurück, dass sie ihren Fokus auf die Bedürfnisse der aufstrebenden Mittelklasse legten; sie boten das größtmögliche Konsumentenpublikum. Einerseits war sie in großer Menge vorhanden und wuchs stetig, andererseits verfügte sie über gerade genügend mobiles Kapital, um dem Kauftrend folgen zu können.[11] So ist auch das Wachstum der französischen Wirtschaft in der zweiten Hälfte des 19. Jahrhunderts auf die komplexen Zusammenhänge zwischen dem neuen Wertesystem der Konsumgüter, dem „modernen" Umgang und Verständnis von und mit Mode sowie der bourgeoisen Kultur dieser Zeit zurückführen.[12]

Die Zunahme der Detailhandelsfilialen sowie der nur langsame Fortschritt der Industrialisierung verhinderten ein rasches Aufkommen industrieller Massenerzeugung in Frankreich, wie es etwa in Deutschland[13] oder England der Fall war. Auch blieben in Frankreich alte Gewerbestrukturen – vor allem im Handwerk – länger erhalten. In der Forschung werden die unterschiedlichen Ausgangssituationen zur Zeit der Industrialisierung auf historisch sehr unterschiedliche Entwicklung in der Staatsstruktur zurückgeführt.[14] Forschungen der Historiker in der ersten Hälfte des 20. Jahrhunderts erwecken den Eindruck, als verstünden sie Nationen als quasi mit angeborenen Charakterzügen ausgestattet[15], allerdings gestehen ihre Statistiken den Ländern eindeutig unterschiedliche Gewichtungen ihrer Ressorts zu. Die Zahlen der im Handel Beschäftigten geben Aufschluss darüber, in welchem Verhältnis die Entwicklung kapitalistischer Produktions- und Distributionsverhältnisse zur Ausprägung des landwirtschaftlichen Sektors einer Volkswirtschaft steht. *„Keines der großen Länder Westeuropas und die U.S.A. wendet für die*

---

[10] Lancaster, Department Store, 17.
[11] Ebd., 18.
[12] Vgl. Miller und Williams nach Ebd., 19.
[13] Vgl. Kapitel 2.3 *Deutschland*
[14] Vgl. hierzu auch Karl Bücher, Jacques Seydoux oder Walther Vogel über den nationalen Charakter von Bevölkerungen
[15] Vgl. Arnold Haase, Der Detailhandel in Frankreich. Dissertation der Friedrich-Wilhelms-Universität. Berlin 1930.14f.

Verteilung der Güter so wenig Menschen auf wie Frankreich, eine Tatsache, die sich vor allem aus dem landwirtschaftlichen Charakter des Landes erklärt."[16]

Stagnierendes Bevölkerungswachstum, geringe Großstädtebildung, der eben genannte agrarische Charakter Frankreichs sowie dessen geringe Bevölkerungsdichte die waren also die Gründe für das nur langsame Aufkommen moderner Wirtschaftsformen.[17]

„Wir haben es also in Frankreich mit einem überaus weitmaschigen Verbrauchernetz zu tun, was der wohl ausschlaggebende Grund für den geringen Verteilungsapparat sein dürfte"[18], heißt es weiter bei Arnold Haase.

Der Detailhandel als Nahversorger einerseits und die andererseits starke Ausprägung des Versandhandels (bzw. der fahrenden Händler, der sogenannten „Roulottiers") bilden die zwei Hauptmerkmale des französischen Handels der Jahrhundertwende. Daraus ergibt sich weiter, dass durch das Aufkommen der Warenhäuser in Frankreich vor allem Mittelbetriebe (also mit Mitarbeiterzahlen von fünf bis fünfzig Angestellten[19]) unter dem Konkurrenzdruck spezialisierter Kleinbetriebe und großen Warenhäusern mit riesigen Warenpaletten zu leiden hatten.[20] So formte die Etablierung der großen Warenhäuser den Detailhandel; Läden, in welchen der Besitzer alleine oder mit nur einem bis fünf Mitarbeitern seine lokale Stammkundschaft mit kaum spezialisierten Alltagsgütern bediente oder spezifische Fachgeschäfte, welche das zusammen das Groß der Mittelbetriebe in Frankreich darstellten, verschwanden zusehens.

2.3 Deutschland

Im Vergleich zu England oder Frankreich rief der Modernisierungsprozess im deutschen Kaiserreich eine wesentlich größere Debatte und bedeutsam tiefenwirksamere gesellschaftliche Zerwürfnisse hervor.[21] Die hier bis in die 1870er Jahre vorherrschende Gesellschaftsorganisation einer adelsgeprägten und auf traditionellen Wertesystemen

---

[16] Haase, Detailhandel, 22f.
[17] Vgl. Ebd., 22f.
[18] Haase, Detailhandel, 23.
[19] Ebd.,23.
[20] Vgl. Ebd., 24.
[21] Vgl. Venblen nach Thomas Lenz, Konsum und Modernisierung. Bielefeld 2011. 16f. Vergleiche auch Kapitel 2.4 *Stilisierte Globalisierung*; denn in deutschsprachigen Gebieten war der Warenhausdiskurs immer eine Frage der einheitlichen, deutschen Identität, welche nur allzu leicht mit antisemitischen Gedankengängen verknüpft wurde.

beruhenden Ständehierarchie, konnte dem wirtschaftlichen und rasant anwachsenden Konkurrenzdruck anderer europäischer Länder kaum etwas entgegensetzen. Durch die bewusste volkswirtschaftliche Investition in eine staatlich installierte Produktion konnte die deutsche Wirtschaft in relativ kurzer Zeit ein enormes Wachstum verzeichnen.

„So war in nur 5 Jahren [...] im deutschen Kaiserreich die Warenproduktion um mehr als ein Drittel angestiegen."[22] *„Dieser stark beschleunigte Warenausstoß musste, wollte man nicht für das Warenlager produzieren, ebenso schnell, wie produziert wurde, Abnehmer finden"*[23], schlussfolgert Thomas Lenz. Doch eine derart produktive Industrie stieß zu jener Zeit auf einen ebenfalls noch vergleichsweise schwach florierenden Handel (wobei dem Handel die Funktion der Abnehmerlukrierung zukommt, vergleiche Kapitel 4.3 *Der Handel*). So entstand die Notwendigkeit einer organisierten Bedarfsweckung, um die massenhaft produzierten Güter an den Konsumenten zu bringen.[24] *„Zu diesem Zweck wurde die Sichtbarkeit der Waren in den Städten vergrößert: Reklame, Litfaßsäulen, Schaufensterwerbung und nicht zuletzt die großen Warenhäuser der Jahrhundertwende entstanden und veränderten rasant das Gesicht der Städte".*[25]

Also ergibt sich für das Warenhaus im Fall Deutschlands eine Doppelfunktion: Einerseits entsteht eine neue Möglichkeit des massenhaften Verkaufs von Konsumgütern durch Schaffung neuer baulicher Dimensionen. Durch diese neue Bauform werden Waren und Konsum um die gesellschaftssoziologische Komponente haptisch und visuell wahrnehmbarer Omnipräsenz erweitert. So wird Konsum(möglichkeit) zu einem Spektakel, einem städtischen Erlebnis, und der Weg der konsumdefinierten Gesellschaft *„vom Versorgungs- zum Erlebniskonsum"*[26] vorgezeichnet. Die dargestellten Vorkommnisse in Deutschland geben Zeugnis vom aktiven Bewusstsein um „moderne" Marktökonomien; man musste ihre Funktionsweise verstehen, um ihrem volkswirtschaftlichen Beispiel folgen zu können. Diese These führt mich zur zweiten Bedeutungsebene des deutschen Warenhauses. Die rationale Erkenntnis des vorherrschenden Wirtschaftssystems und dem planmäßigen Einstieg in dieses System stellt ein entscheidendes Moment der Selbstwahrnehmung moderner Gesellschaften als kapitalistisch dar. Dadurch sehe ich meine eingangs postulierte Annahme, das Warenhaus sei Manifestation der Selbstinszenierung sowie die ihr vorausgegangenen Selbsterkenntnis und -positionierung einer Gesellschaft als ‚modern', bestätigt.

---

[22] Thomas Lenz, Konsum und Modernisierung, 15.
[23] Lenz, Konsum, 15.
[24] Vgl. Ebd., 15.
[25] Ebd., 17. Vergleiche auch Kapitel 6.1 *Warenpräsentation*.
[26] Horst Opaschowski, Kathedralen des 21 Jahrhunderts. Erlebniswelten im Zeitalter der Eventkultur. Eine Edition der B.A.T. Freizeit-Forschungsinstitut GmbH. Hamburg 2000. 25.

2.4 Die Weltausstellung der Industrie von 1851

The Crystal Palace as a Winter Garden, as approved by Sir Joseph Paxton. Exhibited at the Gallery of Illustration, Regent Street.[27]

> *"Im Sommer des Jahres 1851 wurde die erste ‚Great Exhibition of the Works of Industry of all Nations' […], im Londoner Hyde Park abgehalten. […] Eigens für die Veranstaltung wurde […der] Crystal Palace, einen Palast aus Eisen und Glas [errichtet]. Die aus vorgefertigten Eisen- und Glaselementen in nur 17 Wochen Bauzeit errichtete Architektur orientierte sich an den großen britischen Gewächshäusern. Über einer Grundfläche von 70.000 m² boten hohe, lichtdurchflutete Hallen sogar dem alten Baumbestand des Hyde Parks Raum und ermöglichten, daß selbst große Maschinen in vollem Betrieb gezeigt werden konnten."*[28]

Zu sehen ist das Bild des Wintergartens der Weltausstellung; es verdeutlicht die große Ähnlichkeit zwischen Messehalle und Warenhaus. Die Ausstellung war ursprünglich als Messeausstellung der Industrie geplant, doch durch Teilnahme vieler Nationen weltweit und den Besuch von ‚normalen' Endkonsumenten wurde sie zur Weltausstellung erhoben. Die Ausstellung war von der und für die Industrie gedacht, hier machte sie sich (vergleiche vice versa Kapitel 4.2 *Übernahme industrieller Formen in den Handel*) allerdings gängige Präsentationsformen des Handels zu eigen.

---

[27] http://digi.ub.uni-heidelberg.de/diglit/weltausstellung1851d/0004?page_query=vii&navmode=struct&action=pagesearch&sid=c518b8c265163d4715ba54b4a094f659, The illustrated exhibitor: a tribute to the world's industrial jubilee, S.vii.
[28] http://www.ub.uni-heidelberg.de/helios/fachinfo/www/kunst/digilit/weltausstellungen/1851_London.html vergleiche Kapitel 6 *Die Architektur der Industrialisierung*.

„[D]iese Weltausstellung präsentierte ein Sammelsurium der Waren, [...] das aber dann von der Idee einer ‚Gesamtschau' der Kulturen geadelt wurde."[29] Auch inhaltlich ergeben sich bei genauerem Vergleich Überschneidungen: die Anwesenheit vieler unterschiedlicher (und unterschiedlich konnotierter) Länder und Kulturkreise, welche durch Konsumprodukte (bzw. durch maschinelle Neuerungen) repräsentiert wurden. So avancierte das Warenhaus durch den Sammel- und Ausstellungscharakter, welchen es mit der Weltausstellung teilte, zum global konstruierten „Schaufenster der ganzen Welt"[30] und stellt den architektonisch-futuristischen Rahmen einer inszenierten Homogenisierung der Konsumenten durch den liberalisierten Zugang zu modernen Produkten (und Produktionsweisen) dar.

> *„Die Weltausstellung wurde [...] zum Theatrum mundi, [...] einer monströsen Inszenierung [des] Mensch[en] selbst, dessen geistige Leistung, dessen Ordnungssinn und Fleiß zum Maß aller Dinge wurden [...und] als einzig adäquater Stil des ‚Homo faber', des voll emanzipierten Erfolgsmenschen des 19. Jahrhunderts anerkannt w[u]rden."*[31]

"Is it not a good thing for us to rejoice and be proud that we, of all other people, should be the first to throw aside the cold garb of nationality and exclusiveness, and invite the whole world to a peaceful contest of arts and industry?"[32] Man rühmt sich als erstes aller Völker so Wunderbares zu vollbringen; man lässt die [k]alte Tracht der Nationalitäten hinter sich(...). Es ist der Wunsch nach der Überwindung menschlichen Kleingeistes zu erkennen; allein erfüllt scheint er sich noch nicht zu haben (...).

Weiter unten (vergleiche Kapitel 5.1.2 *Demonstrativer Konsum nach Thorstein Venblen*) wird ein wichtiger Gedanke dieser Zeilen wieder aufgegriffen werden; *„a peaceful contest of [...] industry"*[33] scheint programmatisch für die Verknüpfung von konstruierter Sicherheit innerhalb güterzentrierter Kapitalgesellschaften und demokratischer Machtabtretung von Massengesellschaften zu stehen.

> *"A future in which 'man to man o'er all the world, should brother be'; a future, not of jealousies and mistrusts, and international hatreds and revilings, but one in which art, science, commerce, literature, and brotherly kindness should go hand-in-hand among all nations of the earth."*[34]

---

[29] Karlheinz Roschitz, Wiener Weltausstellung 1873. Jugend und Volk Verlagsgesellschaft, Wien 1989.12.
[30] Vgl. Walter Benjamin nach Roschitz, Weltausstellung, 13.
[31] Ebd.,12f.
[32] http://digi.ub.uni-heidelberg.de/diglit/weltausstellung1851d/0047?sid=c518b8c265163d4715ba54b4a094f659, *The illustrated exhibitor,* No.1, June 7, 1851. Introduction.
[33] Ebd.
[34] Ebd.

Ein Text, anmutend wie der Vorläufer eines kommunistischen Parteiprogramms, welches Internationalität, Gleichheit und Modernität (durch Kunst, Wissenschaft) mit Handel und mit Produktion und Handel in Zusammenhang bringt. Durch diese einleitenden Worte des Ausstellungsführers der Industrie-Weltausstellung 1851 sehe ich meine Annahme, dass dies die Zeit der Selbsterkenntnis moderner Gesellschaften war, weiterhin gestützt. Nicht allein der Umstand, dass eine Industrieausstellung zum Publikumsmagneten avancierte, sondern auch die dadurch ausgelösten Veränderungsprozesse, wie die Homogenisierung der Konsumentenmasse und Internationalisierung des Handels wurden zur Realität für den Endverbraucher. Darüber hinaus unterlagen auch Selbstwahrnehmung und -bewusstsein zeitgenössischer Modernisierungsdynamiken in unterschiedlichen Ebenen der Gesellschaftsorganisation diesem Wandel der neuen Zeit.

Dies alles, beschrieben durch das Moment der Institutionalisierung der Industriemesse, markiert das Selbstverständnis moderner Gesellschaften als produktions- bzw. konsumorientiert.

3 RESTRUKTURIERUNG DER WIRTSCHAFT

3.1 Handwerk und Zünfte

Warenproduktion wurde traditionell durch Handwerk bewerkstelligt, welches bis in die Zeit der Frühindustrialisierung eine fixe Position innerhalb der Gesellschaftsorganisation bzw. innerhalb marktwirtschaftlicher Prozesse sowie der Produktionsketten (also Rohstoffherstellung, -lieferung und -verarbeitung) hatte.[35] Handwerker sahen durch Zusammenschluss in Zünften ihre Interessen vertreten. Allerdings kann seit Mitte des 18. Jahrhunderts ein Zurückweichen dieser Zünfte beobachtet werden.

Mittels neuer Gesetzgebungen wurde den Zünften ihre Monopolstellung entzogen und ab der zweiten Hälfte des 18. bis Mitte des 19. Jahrhunderts etablierte sich eine offene Form der Warenproduktion – durch die Gewerbefreiheit begünstigt – die einer ersten Umstrukturierung in marktwirtschaftlichen Belangen den Weg ebnete. Mit der neuen Gewerbefreiheit einhergehend wurden Schritt für Schritt Handels- und Wirtschaftsfreiheit in Europa eingeführt und theoretische Grundlagen des Frühkapitalismus politisch verankert.[36]

3.2 Kapitalakkumulation des Frühkapitalismus und dessen Expansionsbestrebung

Ein wichtiges Merkmal industrieller Hochphasen waren Festigung und Ausbau der Finanzwirtschaft. Durch die Möglichkeit der Kapitalakkumulation unabhängiger Unternehmer wurde bewegliches Kapital zur Investition in die Produktion frei. So erlebte die Industrialisierung einen Aufschwung durch verstärktes Bankenwesen, welches selbst wiederum durch die wirtschaftliche Konjunktur gestärkt wurde. Die zeitgleiche Förderung kapitalistischer Wirtschaftsformen in allen europäischen Staaten, ihren Kolonien sowie den U.S.A., begünstigte deren Internationalität, da alle diese Länder wirtschaftlich miteinander verflochten waren.[37] Diese Globalisierungstendenzen, welche den internationalen Wettbewerb ankurbelten, waren ein Motor der Liberalisierung marktwirtschaftlicher Gesetzgebung. Ab dem Zeitpunkt großer wirtschaftlicher Finanzakkumulation durch

---

[35] Vgl.. Karl Vocelka, Geschichte der Neuzeit. 1500-1918. Böhlau Verlag, Wien 2010. 74.
[36] Vgl. Ebd., 76.
[37] Vgl. Ebd., 80f.

den nun umstrukturierten Handel legte auch die Politik größeres Augenmerk auf die gesetzliche Steuerung der Wirtschaft.

In Preußen wurde 1900 die allgemeine Warenhaussteuer eingeführt, welche 1916 in die Umsatzsteuer verwandelt wurde und bereits eine Regelung zur erhöhten Warenhaussteuer beinhaltete. Diese Legislative wurde aus der Idee geboren, den Facheinzelhandel zu unterstützen und in der liberalen Marktwirtschaft vor zu großem Konkurrenzdruck durch Großbetriebe und Filialketten zu schützen. Doch genau so, wie marktwirtschaftliche Theorien dem Kapitalismus höchste Rationalisierungstendenzen attestierten, waren Warenhäuser nun bestrebt, den Mehraufwand mit Leistungssteigerung auszugleichen, was den Konkurrenzdruck noch weiter verstärkte.

> *„Es erscheint durchaus möglich, daß die erhöhte Umsatzsteuer außerdem die Expansionsbestrebungen der Großbetriebe unterstützt hat, indem diese versuchten, durch erhöhte Umsätze oder Mehrbelastung der fixen Kosten des ungünstiger gewordene Kostenverhältnis wieder auszugleichen."*[38] *„Jede Verbesserung des Verbraucherpreises nach unten stellt eine Verbesserung der Bedarfsdeckung dar"*[39], und also einen Wettbewerbsvorteil.

Wir sehen, dass es in der kapitalistischen Marktwirtschaft einen stetigen Wettbewerb zwischen den Teilnehmern gibt, welcher rationales Wirtschaften fördert und gleichzeitig um einen selbsterhaltenden Systemkern zirkuliert.

---

[38] Centner, Einzelhandel, 37.
[39] Ebd., 38.

4 ORGANISATION DES DETAILHANDELS

4.1 Übernahme industrieller Formen in den Handel

Nachdem sich der Detailhandel von den Zünften weg und hin auf die Form des freien Marktes entwickelt hatte, weiteten sich betriebliche Organisationsformen der Industrie auf folgende Segmente des Handels aus:

- Die Arbeitsteilung in der Produktionskette, die mit zunehmender Segmentspezialisierung einherging
- Die Organisation des Personalwesens
- Den Aufbau innerbetrieblicher Konkurrenz zwischen den Abteilungen zur gesamtbetrieblichen Produktivitätssteigerung

Der Großbetrieb des Waren- oder Kaufhauses war in seiner Form der erste im Detailhandel, welche die wirtschaftlichen Grundsätze kapitalistischer Wirtschaftssysteme der Industrie in den Handel übernahm. Die innerbetriebliche Rationalisierung und die durch den Wettbewerb geprägte Wirtschaftlichkeit waren bislang Unternehmensstrukturen der Industrie gewesen.

„Dazu gehörte auch die zunehmende Arbeitsteilung und berufliche Spezialisierung, die es bis dahin im Handel kaum gab."[40] Die Entwicklung hin zu groß angelegten Betrieben hielt dennoch im Einzelhandel wesentlich später Einzug, als sie dies in der Industrie getan hatte. *„Noch für 1900 wird angenommen, daß die Großbetriebsumsätze nicht [knapp 0,33]% der geschätzten Gesamtumsätze des Einzelhandels erreichten."*[41] Die neuen kapitalistischen Wirtschaftssysteme erzeugten einen Wettbewerb zwischen allen Teilnehmern einer Gruppe der Produktkette mit dem volkswirtschaftlichen Ziel der Gewinnmaximierung.[42] Im gewinnorientierten Wettbewerb entstanden innerbetriebliche „Limitsysteme", *„dabei wurden den Abteilungen im Warenhaus bestimmte Beträge vorgegeben, mit denen sie selbstständig wirtschaften konnten. Je nach Umsatzerfolg und Lagerbestand wurde das Limit erhöht oder gekürzt."* Der sogenannte „Betriebsvergleich" führte die Dynamiken des Wettbewerbs der Marktwirtschaft in die Unternehmen selbst ein, was zur Gewinnsteigerung des

---

[40] Friedrich W. Köhler, Zur Geschichte der Warenhäuser. Seenot und Untergang des Hertie-Konzerns. Haag und Herchen, Frankfurt am Main 1997. 14.
[41] Vgl., Jens Jessen nach Centner, Einzelhandel, 67.
[42] Vgl., Ebd., 41.

Gesamtunternehmens beitragen sollte,[43] sich allerdings auch in die Personalstruktur der Unternehmen fortsetzte.

Der Konkurrenzdruck einzelner Angestellter brachte grundlegende Veränderungen für die Rationalisierung des Personalwesens mit sich.

Denn obwohl der Einzelhandel auf Arbeitskraft setzte, entfielen nur rund 4,5-6% auf Personalkosten,[44] die im Falle von Rationalisierungsmaßnahmen gekürzt wurden, um im Wettbewerb bei sinkenden Verkaufspreisen noch immer höchstmögliche Rentabilität erzielen zu können.[45] So repräsentierte der Typ des Warenhauses – als Ort gesamtgesellschaftlicher Wirtschaftsdynamiken – einen neuen und potenten Massenarbeitgeber und gewann somit eine weitere Bedeutungsebene in der zeitgenössischen Gesellschaft dazu; an ihm zeigt sich die Gewichtung europäischer Staaten von agrarischen Produktions- zu kapitalistischen Marktwirtschaften.

Am Beispiel des bewusst geführten innerbetrieblichen Wettbewerbs ist also die Dualität von Homogenisierung moderner Gesellschaften bei gleichzeitigen Individualisierungstendenzen nachvollziehbar. Jedes Individuum einer Volkswirtschaft agiert als solches und strebt nach persönlicher Produktivitätssteigerung zur eigenen Gewinnmaximierung; jedes dieser Individuen aber ist Teil eines Systems, welches auf die Gleichschaltung all dieser ‚Individuen' baut – sie alle also auf das gemeinsame Ziel des Erhalts der Wirtschaft hinarbeiten lässt.

4.2 Der Handel

Dem Konsens über die Aufgaben des Handels folgend, stellt dieser das Bindeglied zwischen Industrie und Konsument, also zwischen Hersteller und Endverbraucher, dar. Dies weist ihm eine Vermittlerposition zwischen Erzeugung und Verbrauch zu, welche seine Aufgaben bestimmen. Die Distribution von Gütern im Detailhandel ist somit hauptverantwortlich für die Etablierung von Geschäftslokalen, deren Aufgabe die Verteilung der

---

[43] Köhler, Warenhäuser, 14.
[44] Broschüre der Gewerkschaft für Handel, Banken und Versicherungen. Düsseldorf 1995 nach Helmut Frei, Tempel der Kauflust. Eine Geschichte der Warenhauskultur. Leipzig 1997. 161.
[45] Vgl. Frei, Kauflust, 161.

Güter der Industrie ist. „*[D]ie Verteilung zu bewerkstelligen, ist die zentrale Handelsaufgabe. Alle anderen Handelsaufgaben [...] dienen der Erfüllung dieser Verteileraufgabe.*"[46]

Zur Bewerkstelligung dieser Aufgaben also übernahm der Handel am Beginn des 20. Jahrhunderts rationalisierende Organisationsformen der Industrie und passte sie Schritt für Schritt an das Ziel der Absatzexpansion an; so wurden beispielsweise Arbeitsteilung und Spezialisierung von menschlicher Arbeitskraft sowie der Einsatz industrialisierter Technik im Handel für die innerbetriebliche Strukturierung übernommen.[47]

Diese wird durch die Erzeugung der größtmöglichen Divergenz zwischen Kosten und Einnahmen hergestellt, sprich: welche preisliche Relation das Unternehmen zwischen Einkaufs- und Verkaufspreisen herzustellen vermag. „*Firmen verkauften ausschließlich zu fixen Preisen, was zu dieser Zeit nicht allgemein üblich, aber das Kennzeichen eines Warenhauses war.*"[48] Die Einführung von Fixpreisen bedeute, dass das Risiko fluktuierender Produktionskosten auf den Handel zurückfiel, und somit vom Konsumenten genommen wurde, was wiederum die Kaufbereitschaft einer auch weniger finanzstarken Konsumentenschicht ankurbelte.

4.3 Transport und Lage als Erfolgsfaktoren des Warenhauses

„*Der Verkehr leistet dem Handel bei der Überwindung der räumlichen Differenzen zwischen Erzeugung und Verbrauch Hilfsdienste. Wohl wird die weitaus überwiegende Mehrzahl aller räumlichen Güterbewegungen vom Verkehr bewerkstelligt – wenn auch erst seit der starken Entwicklung des Verkehrswesens.*"[49] Die Bedeutung des Transportwesens für den Detailhandel gliedert sich in zwei Teilbereiche, welche die enorme Größe des Warenhauses erst ermöglichten.

Erstens war durch den Ausbau von Transportmöglichkeiten die Verbindung zwischen industriellen Produktionsstätten und Vertriebsstätten des Handels einfacher zu überbrücken.[50] Dies senkte nicht nur die Einkaufspreise für den Handel, auch wurde so die –

---

[46] Vgl. Albert Hesse nach Centner, Einzelhandel, 11.
[47] Vgl. Centner, Einzelhandel, 30.
[48] Andreas Lehne, Wiener Warenhäuser 1865 – 1914. (= Forschungen und Beiträge zur Wiener Stadtgeschichte. Publikationsreihe des Vereins für Geschichte der Stadt Wien, Bd 20). Franz Deuticke, Wien 1990.Wien 1990. 102.
[49] Albert Hesse nach Centner, Einzelhandel, 14.
[50] Vgl hierzu im Kapitel *Die Architektur der Industrialisierung* die angesprochene Bedeutung moderner Stahlbrückenkonstruktionen.

durch international gültige Anforderungen an moderne Konsumgüter repräsentierte – Globalisierung vorangetrieben. Der Ausbau diverser Transportmittel vergrößerte auch die Auswahl an für das Warenhaus attraktiven Standorten.

Zweitens konnten durch den ausgebauten Personentransfer (und etwas später auch durch die Einführung des Automobils) größere Kundenmengen gewonnen werden, da sich die Wahrnehmung und die Dauer zur Überwindung von Distanzen neu definierten. Dies wiederum hatte die Erschließung neue Standorte für den Massenkonsum zur Folge. Andererseits begünstige es die räumliche Trennung von Klassen. Da die Lage des Warenhauses über dessen Selbstpositionierung am Markt Auskunft gab (und gibt), konnten nun prestigeträchtige Plätze – ohne Verlust der Konsumenten der Mittelklasse – gewählt werden.

Diese Homogenisierung bei gleichzeitiger ‚Ghettoisierung' sozialer Klassen[51] ist vor allem in schnell wachsenden Städten, vornehmlich in den U.S.A. zu beobachten, die im Vergleich zu europäischen Städten einen Sonderfall darstellen: *„unlike American cities, better transport [in Europe] was usually a response to urban growth, not it's cause."*[52]

4.4 Stilisierte Globalisierung

Das Phänomen der diametralen Konstruierung einer globalisierten Welt ist nur oberflächlich betrachtet widersprüchlich. Denn durch die Möglichkeit zur Betrachtung anderer Kulturen zu einer Zeit, zu der die Idee der freien Bildung des individuellen Charakters um sich griff, entwickelte sich eine neue Dynamik nationaler Identitätsfindung. Und da nun durch homogenisierte kulturelle Ansprüche der Länder unterschiedliche Nationalidentitäten immer näher herausbildeten, waren die Nationen immer stärker darauf bedacht, diese Identitäten zu definieren. So modulierte sich die Suche nach einer nationalen Identität schnell zu einem Finden von nationalistischen Ideen. Vor allem in wenig zentralistischen Gebieten, wie beispielsweise dem deutschen Kaiserreich, konnte so ein stärkeres Zusammengehörigkeitsgefühl – durch Schaffung äußerer ‚Feinde' – erreicht werden. Im Zuge dieser Identitätsbildung der eigenen Nation wurde aber zusehens auch die Fremde stilisiert, und damit auch ‚fremdheits'bezogene Stereotype konstruiert. Während die Länder europäisch-westlicher Kulturkreise sich in Modefragen zusehens anglichen, wurden

---

[51] Vgl. Frei, Kauflust, 52ff.
[52] Lancaster, Department Store, 12f.

Länder mit abweichendem Kulturverständnis als ‚fremd' kategorisiert. Dadurch sowie durch die damit einhergehende Klassifizierung der weißen Kultur als besonders ‚kultiviert', wurde der europäische Kulturimperialismus für die Expansionsbestrebungen kapitalistischer Konsumgesellschaften fruchtbar und die Bereitwilligkeit der Übernahme durch andere Länder attraktiver gemacht.

Diese Stilisierung europäischer Kulturen im Zeitalter des Wirtschaftskapitalismus diente auch den U.S.A. als willkommene Klammer auf der Suche einer national gültigen Identität. Und so, wie Deutschland den Ausbau des heimischen Handels zur wettbewerbsfähigen Produktionsmaschinerie nachgeholt hatte, ließ das Einsetzen einer solchen Dynamik in den U.S.A. nicht lange auf sich warten.

Der rasche Wirtschaftsaufschwung der US-amerikanischen Volkswirtschaft stellte sich als Zusammenspiel verschiedener Faktoren kapitalistischer Wirtschaftsdynamiken dar und der Expansionscharakter dieser Wirtschaftsform wurde durch die – im Vergleich zu Europa – massenhafte Bevölkerung unterstützt. Auch war der Entwicklungsunterschied zwischen den U.S.A. und Deutschland enorm, obwohl beide Länder in kurzer Zeit ihren Rückstand gegenüber Frankreich und England wettmachen wollten. Wir sehen also, dass Bevölkerungswachstum in der Moderne ein entscheidender Faktor in der Wirtschaft ist. Die Möglichkeit groß angelegten Absatzhandels wurde hier vollkommen ausgeschöpft; nicht nur architektonisch, auch sprechen die Statistiken dafür: *„während 1928 in den USA der Anteil der Warenhäuser am Gesamtumsatz des Einzelhandels immerhin 16% betrug, waren die Daten für Europa"*[53] bis um die Hälfte (oder mehr) geringer.

Doch dann kam es zur Verschiebung der Migrationsströme; Amerikaner, die nun nach Europa kamen, bewirkten mittels ihrer wirtschaftlich gefestigten und politisch übergeordneten Position einen Kulturimperialismus, welcher knappe 100 Jahre zuvor aus Europa kommend die wirtschaftliche Zukunft Amerikas entscheidend beeinflusst hatte. Durch die ‚Europäisierung' der Welt wurde der Nährboden für den europäischen Kulturimperialismus aufbereitet. Somit war die kapitalistische Wirtschaftsform, deren Erhalt durch Konnotation des Absatzmarktes mit konsumorientiertem Sozialprestige gesichert wird, Grundlage für den Aufstieg eines Staates zu weltpolitischem Gewicht. Welches nach Übernahme wirtschaftlicher und gesellschaftlicher Strukturen und dem Ausbau der Machtposition mittels globalisierten marktökonomischer Dynamiken auf andere Länder übertragen werden.

---

[53] Frei, Kauflust, 13.

> *„Da dem Warenhaus ein moderner, zukunftsorientierter Charakter anhaftete, hatte es Probleme, im traditionell-monarchischen Wien Fuß zu fassen. Als 1890 eine französische Warenhaus-Aktiengesellschaft beim k.u.k. Handelsministerium eine Konzession beantragte, entschied der halböffentliche politisch-nationalistische Diskurs gegen eine solche Öffnung des heimischen Detailmarktes, was unter Anderem auf dem Boden des antisemitischen Gedankengutes gewachsen war, ihm ab nun aber auch eine Argumentationsdimension des internationalen Wettbewerbs einräumte. So erlebten die österreichischen Warenhäuser ihren hauptsächlichen Aufschwung erst nach Kriegsende, denn als Verlierermacht war der vormals monarchische Handel zur Öffnung gezwungen."*[54]

Dieser Prozess kann als ‚friedliche Übernahme' aller miteinander handeltreibenden Länder durch das eurozentristische Wirtschaftssystem bewertet werden. Das Konzept der Verschiebung kriegerisch-militärischer Praktiken auf eine gewaltfrei-kapitalistische Ebene – also der Ersatz des Kriegtreibens westlicher Länder durch Wirtschaftskonkurrenz – wird weiter unten, in Kapitel 5.1.2. *Demonstrativer Konsum nach Thorstein Venblen*, ausführlicher behandelt werden.

---

[54] Frei, Kauflust, 156ff.

5 DIE GESELLSCHAFT DER MODERNE

5.1 Theoretische Betrachtungen

Am Diskurs über das Warenhaus wird beispielhaft veranschaulicht, wie kontrovers konusmbezogene Modernisierungsphänomene um die Jahrhundertwende diskutiert wurden. Retrospektiv kann er daraufhin analysiert werden, inwiefern Konsum in zeitgenössischen soziologischen Arbeiten in Zusammenhang mit Modernisierungsprozessen gebracht wird. Es stellt sich heraus, dass sowohl die typischen Modernisierungsphänomene als auch deren Antinomien in der soziologischen Diskussion um den Konsum als Modernisierungsfaktor thematisiert wurden.[55]

5.1.1 Innengerichteter Konsum

Lenz trägt verschiedene wissenschaftliche Anschauungen zusammen, die allesamt die Ausprägung der religiös-spirituellen Bourgeoisie des 17. und 18. Jahrhundert (besonders in England) als Grundlage und Nährboden für die sich später entwickelnden Konsumpraktiken sehen. Denn (so die Theorie) vor allem im Protestantismus – oder Puritanismus – läge die Wende vom außengerichteten Erleben zur Hinwendung zum heilsgeschichtlichen Innenleben. Um einer hedonistischen Welt entsagen zu können, sollte friedvolle Erfüllung durch Besinnung auf innere Eintracht erreicht werden; was einen Beitrag zur Etablierung eines innengerichteten Immaginativhedonismus der kapitalistischen Konsummaschinerie leistete.[56] Dieser *self-illusoury hedonism,* der sich aus dem Puritanismus speist, kann als Quelle des *„spirit of modern Consumerism"* angesehen werden. Er ist auf inneres Erleben, nicht auf äußere Erfahrung gerichtet.[57]

Auf dem Fundament emotionalen und innerlich-sensitiven Erlebens des 18. Jahrhunderts[58] wird die Ebene der Bedürfniserfüllung von außen nach innen gelagert; ein

---

[55] Lenz, Konsum, 51.
[56] Campell und Weber nach Ebd., 66f.
[57] Boden und Williams nach Ebd., 66.
[58] Die Romantik, welche bis ca. 1850 andauerte und von emotional-sentimentalen Strömungen in Kunst und Literatur geprägt war.

romantisiertes Gefühl, ein unerreichbarer Wunschtraum, tritt an die Stelle real erfüllbarer Alltagsbedürfnisse.[59]

Nach George Campell ist diese Verlagerung eine Stufe in der fortschreitenden *„Verfeinerung der Sitten"*[60]. Sie stellt die Zerstörung des eindeutigen Verhältnisses zwischen Bedürfnisweckung und dessen Erfüllung in den Dienst des Selbsterhaltungsmechanismus moderner Wirtschaftssysteme, wodurch der Konsum selbst zum Ziel des Bedürfnisses avanciert.

5.1.2 *Demonstrativer Konsum*

In der Theorie des *demonstrativen Konsums* nach Thorstein Venblen, ist der hauptsächliche Motor des Konsumierens Repräsentation des *„eigenen Status nach außen."*[61]

„Verschwenderischer Verbrauch von Waren und demonstrativer Müßiggang werden so zu den zentralen Werten einer neuen Gesellschaft."[62] Da sich die müßige Klasse wegen finanzieller Unabhängigkeit dem wachsenden Druck des gesellschaftlichen Wandels entziehen kann, bleiben ihr konservative Werte länger erhalten – durch das Aufrechterhalten konservativer Werte wiederum kann sie ihre Autonomie von anderen Klassen beibehalten. Um sich im Zuge dieser Gesellschaftsorganisation behaupten zu können, bedarf es dem menschlichen Individuum erlernter Selbstinszenierung, welche einem animalisch-hierarchischen Sozialschema entspricht: das untergeordnete Individuum wird das ihm übergeordnete imitieren, um die Erhöhung der eigenen Position zu erreichen. Venblen stellt ein Konzept der Umlenkung viehischer Triebe in ein gesellschaftlich-gesittetes System vor.

> *„Mit der Industrialisierung wird der ‚Raubtrieb' subtiler [...] Unter modernen Bedingungen wird also die ‚kriegerische Haltung' vergangener Tage ‚scheinbar-friedlich' umgelenkt und auf den geldbewehrten Erfolg konzentriert. Der Übergang von der ‚kriegerischen' zur ‚scheinbar-friedlichen' Epoche ist hier als eine Form der Modernisierung zu verstehen[...]."*[63]

---

[59] Vgl. Kritische Studien zur Geschichtswissenschaft, S. 248.
[60] Campell nach Lenz, Konsum, 65.
[61] Venblen nach Ebd., 70ff.
[62] Ebd.
[63] Ebd., 70ff.

Venblen will demnach zeigen, dass eine hedonistisch orientierte Schicht im Begriff war, die Gesellschaft vollständig neu zu definieren und dazu nicht den Weg über die Produktion, sondern den Weg über den Konsum von Waren ‚wählte'.[64]

Lenz resümiert über Venblens Theorie, dass sie – da sie ein dynamisches Modell darstelle – die Möglichkeit zur Reformulierung von Maximen innerhalb eines teleologischen Handlungskatalogs offen ließe.[65]

Da in dieser Theorie davon ausgegangen wird, das die stattfindende Konfliktverschiebung von noch aktiven Urtrieben bestimmt wird, bleibt zu fragen, in wieweit Venblen von herrschenden Wirtschaftssystemen bzw. vorherrschenden zeitgenössischen Anschauungen beeinflusst war.

5.1.3 *Konsum der Individualisierung*

Georg Simmel geht in seiner Theorie der Frage wechselseitiger Beeinflussung von Konsumverhalten und dem Wunsch persönlich gefühlter Individualität nach. Zunächst stellt er das Phänomen der Arbeitsteilung in den Fokus; durch das Anwachsen der Bevölkerung sei eine Teilung der Arbeitsschritte erfolgt, durch Spezialisierung (also auch Individualisierung) von Arbeit prägte sich eine veränderte – individualisierte – Selbstwahrnehmung aus. Während die soziale Gebundenheit an eine Gesellschaftsschicht in vormodernen Gesellschaften tendenziell gleichbleibend war, bewegen sich die Individuen moderner Gesellschaften mit zunehmender sozialer Mobilität innerhalb unterschiedlicher sozialer Gruppen; wodurch sie sich gezwungen sehen, ihre Rolle je nach Gruppe neu-bzw. umzudefinieren.[66] Dadurch ergibt sich in der Moderne eine Form der Individualität, die stetig hinterfragt wird und deshalb kontinuierlich demonstriert werden muss. Für Simmel ist die Seele des modernen Menschen Schnittstelle zwischen individueller Deutung äußerer Einflüsse und innerer Umsetzung und Verwertung mittels Rekreation äußerlicher Realität. So bieten Konsumgüter, mitsamt der durch sie transportierten Wunschwelten, eine konstruierbare Konstante in der Erschaffung einer Identität.

---

[64] Venblen nach Campbell, 87.
[65] Lenz, Konsum, 70ff.
[66] Vgl. Simmel nach Lenz, 88ff.

Anders als andere Theoretiker gibt er keine Darstellung über genealogische Entwicklungen gegenwärtiger Phänomene; er interpretiert den Istzustand und hinterfragt Zusammenhänge zwischen variabel-konstitutiven Systemen gesellschaftlicher Werte und Normen. So resultiert er unter anderem, dass der Wunsch nach Konsum (und also auch dem Wunsch nach Besitz und dem Sich-Umgeben mit zuvor interpretierten Gegenständen) ein Festhalten an der Idee der Beständigkeit der eigenen Identität sowie des sicheren Bewusstsein um deren Form ist.

Als einen der wichtigsten Motoren gesellschaftlicher Veränderung der Moderne sah Georg Simmel das Auseinanderdriften bzw. den Angleich von objektiver und subjektiver Welt. „Objektive Kultur" (oder auch objektivierte Kultur) beschreibt die im Individuum reflektierten äußeren Einflüsse sowie die Normen und Werte dieser äußeren Welt, die auf den Einzelnen einwirken. Während „subjektive" Kultur die Formulierung einer Identität bzw. einer Realität im Inneren der Menschen ist und auf den zuvor wahrgenommenen Umwelteinflüssen basiert.

Ähnlich wie Horkheimer und Adorno die Dialektik der Aufklärung beschrieben, stellt Simmel die „Dialektik der Moderne" vor. Die Gesellschaft als Ganzes ist stetiger Veränderung unterworfen; sie liefert den durch sie beeinflussten Individuen Vokabel einer durch den Druck der Masse vorgegebenen Sprache. Doch wie der einzelne Mensch die gelernten Worte benutzt (also: welche Ware er kauft), zeugt von dessen Identität, welche wiederum auf die dynamische Struktur im Veränderungsprozess der Gesellschaft (und also ihrer ‚Sprache') zurückwirkt.[67]

5.2 Moderne Gesellschaft: ein Ort der „Gleichberechtigung"?

5.2.1 *Demokratisierung des Konsumierens*

> *„Oskar Tietz[68] kaufte in großem Stil Artikel zweiter Wahl auf, Waren, die kleine Fehler hatten, und verkaufte sie zum Schaden der Einzelhändler, die nur Artikel erster Wahl führten, [und das] zu äußerst günstigen Preisen. Aber auf diese Weise konnten sich auch Familien mit durchschnittlichem Einkommen Luxusartikel wie zum Beispiel Porzellanservice leisten."[69]*

---

[67] Vgl. Simmel nach Lenz, Konsum, 96.
[68] Inhaber und Gründer des Warenhausunternehmens Oskar Tietz, welches später in Hertie (Abbreviation von Hermann Tietz) umbenannt wurde.
[69] Frei, Kauflust, 153.

Neben der Installierung von Fixpreisen war die generelle Preissenkung für die dauerhafte Öffnung der Warenhäuser mitverantwortlich. Jeder, ob er nun etwas kaufen konnte oder nicht, durfte sich nun im Warenhaus aufhalten. Auch wurden so räumlich-gesellschaftliche Trennungen ausgeräumt, oder zumindest in ihrer bisherigen Härte gemildert. Trennungen, welche den unteren Bevölkerungsschichten zuvor den Eintritt in die Läden der feinen Gesellschaft versperrt hatten. So, wie in Kapitel 2.3 *Deutschland* bereits erwähnt, musste ein kaufkräftiger Absatzmarkt für die nun in Massen produzierten Konsumwaren erschlossen werden, was meiner Annahme über das selbsterhaltende Expansionsprinzip des Konsumkapitalismus entspricht.

„The growth of the new stores was enhanced by the demographic expansion of their lower middle-class clientele. [...] The stores were also fortunate in that their emergence was partly a response to a new form of demand."[70] Die Massenproduktion erforderte ein Massenpublikum; es musste also eine breite Bevölkerungsschicht vom Handel adressiert werden – die zu jenem Zeitpunkt die Mittelklasse war.

Um also weiter Absatz machen zu können, musste der Handel die Preise senken. Die preislichen Einbußen wurden allerdings durch die Masse an verkauften Gütern aufgewogen. So kann von einer grundlegenden Umstrukturierung wirtschaftlicher Produktion gesprochen werden, die Homogenisierung und Demokratisierung zu Ankern einer neuen Gesellschaftsform erhob.

5.2.2   Schaffung neuer Geschlechterverhältnisse

Lancaster spricht sich gegen die leichte Verführbarkeit des ‚schwachen' Geschlechts aus. Auf alle Menschen wirkten die Auslagen ungeheuerlich, modern und verschwenderisch, wie Fenster in eine andere Welt – dies beweist vor allem die Forschung. Denn beinahe die gesamte von mir behandelte Literatur ist von männlichen Autoren verfasst, und in ihnen das Phänomen der Auslagen sehr wohl behandelt.

Des Weiteren hebt er das Faktum hervor, dass Frauen stets diejenigen Mitglieder eines Haushalts waren, die sich um Sauberkeit des Wohnorts sowie der verfügbaren Wäsche (und Ähnlichem) zu kümmern hatten, wodurch sie größeres Interesse für Produkte hegten, die zur Erleichterung der Haushaltsführung gedacht waren. Dadurch und durch die

---

[70] Lancaster, Department Store, 11.

Beachtung eines rationellen Umgangs mit den ihnen zur Verfügung stehenden Haushaltsbudgets, wurde die durchschnittliche Hausfrau zur bedeutenden Kritikerin und tonangebenden Konsumentin. Auch da sie mehr Zeit im Warenhaus zubrachte, um sich mit neuen Produkten vertraut zu machen oder die Qualität der Produkte zu prüfen, avancierte sie zum Prototypen des modernen ‚Mittelschichtkonsumenten'.

Diese Annahme stütz sich darauf, dass *„poorly-designed products rarely created a sustainable market"*[71], was die Theorie widerlegt, dass sich Frauen als Konsumentinnen vom äußerlichen Glanz der Produkte fangen und betören ließen.[72]

> So kommt Bill Lancaster also zu folgendem Fazit: *„It must be conceded that the vast majority of women shop in a highly rational manner, and most base their purchase upon a carefully controlled budget. Seen from this perspective, women emerge as rational actors who have made the majority of economic decisions in what is undoubtedly Britain's most successful industrial sector."*[73]

In seiner Forschung stützt sich Lancaster auf zeitlich breit gefächerte Theorien; so unter anderem auf William Leach, welcher durch Offenlegung dieser marktwirtschaftlichen Einflussfaktoren weiblicher Konsumentinnen gegen die historischen Ansichten Rachel Bowlbys richtet und Frauen vor übermäßigem Konsum aufgrund ihrer verführbaren Seelen als schwaches und zu beschützendes (also auch aus bewussten marktökonomischen Entscheidungen auszuschließendes) Geschlecht inszeniert.[74] In diesem Zusammenhang ist zu beachten, dass der zeitgenössische Diskurs über die Frau und das Warenhaus beinahe ausschließlich von Männern geführt wurde. So fließen Beiträge wie *„überhaupt das ganze Haus bewußt als ein Warenhaus vorwiegend für Damen erbaut zu sein scheint."*[75], *„ihr Hauptkontingent [der Diebe] stellt das weibliche Geschlecht, namentlich zu gewissen Zeiten, in denen es sich in außergewöhnlichen Umständen befindet"*[76] oder Simmels *Die Frau und die Mode* (*„Die Undifferenziertheit der Frauen sei eine der Bedingungen für die Entstehung der Mode. Frauen seien deshalb besonders empfänglich für das modische Spiel von Anpassung und Neuheit, weil sie selbst sich untereinander ähnelten."*[77]) in die Überlegungen ein, die im Endeffekt eine öffentlich akzeptierte Meinung über das Warenhaus (sowie über Geschlechterkonstrukte) bildeten.

---

[71] Lancaster, Department Store, 175.
[72] Ebd., 175.
[73] Ebd., 175f.
[74] Ebd., 192.
[75] Paul Göhre, Das Warenhaus. (= Die Gesellschaft. Sammlung sozialpsychologischer Monographien, Bd 12). RüttenLoening. Frankfurt am Main 1907. 95f.
[76] Ebd., 133.
[77] Simmel nach Lenz, Konsum, 103.

Die Konnotation des Warenhauses als ‚Sphäre des Weiblichen', durch Frauen als Hauptkonsumentinnen einer Kaufgesellschaft und in Zusammenhang mit gesellschaftlichen Demokratisierungstendenzen, wurden Frauen auch als Angestellte im Warenhaus zu einem bedeutenden Faktor.

> *"[W]e cannot ignore the growing importance of woman buyers, who have been increasingly employed by department stores since the late nineteenth century. These women often execute highly important decisions upon which the success and indeed the survival of their store depends. Moreover, the choice exercised by woman buyers can often make or break many small and middle-sized firms of suppliers. The sensitivity of women buyers to their customers and market, real or potential, has long been prized by department store entrepreneurs. [...] Indeed it would be unimaginable to find so many women exercising so much power in any other sector of business and industry."[78]*

Simmel hingegen „*führt die Undifferenziertheit der Frauen gegenüber Produkttrends auf die unterschiedlichen Lebensbedingungen von Frau und Mann um 1900 [zurück]. Mode sei Ventil, aus dem das Bedürfnis der Frauen nach irgend einem Maß von Auszeichnung und individueller Hervorgehobenheit ausbräche, wenn ihnen dessen Befriedigung auf anderen Gebieten mehr versagt ist.*"[79]

„*Er behauptet also, dass Mode [...] immer dann zum Mittel des Selbstausdrucks für Frauen wird, wenn ihnen andere Bereiche der Betätigung und Bestätigung versperrt bleiben.*"[80]

Jeder Mensch sucht nach dem Ich, doch unter dem Druck der gleichmachenden Dynamiken kapitalistisch-industrialisierter Massengesellschaften, ist dies oftmals ein schwieriges Unterfangen. Kennzeichnung und Abgrenzung von anderen wird zum Motor von Selbstdarstellung, die auch mit dem allgemeinen Selbstverständnis moderner Gesellschaften korrespondiert: jeder Mensch ist einzigartig, jeder ein unverwechselbares Individuum. So bedient sich der Konsument der Waren, die am Markt angeboten und durch soziale Gefüge mit Bedeutung aufgeladen werden, um die gesuchte Identität durch Kreation einer Konsumgütercollage zu stabilisieren und statuieren. So dienen die Güter mitsamt den durch sie vermittelten Werten als vorgefertigte Schablonen der ‚Individualisierung' einer ‚Vermassungsgesellschaft'.

---

[78] Göhre, Warenhaus, 133.
[79] Simmel: „Die Frau und die Mode", 1908.
[80] Simmel nach Lenz, Konsum, 103.

6 DIE ARCHITEKTUR DES WARENHAUSES

So wie die Organisationsstruktur des Waren-oder Kaufhauses sich aus überdachten Markhallen entwickelte, so kann analog dazu die genealogische Veränderung seiner architektonischen Form gesehen werden. Eingebettet in zeitgenössische Bauweisen war das Warenhaus immer ein Ort der Warenpräsentation und der Schaulust. Durch die Betrachtung der frühen Gebäudeformen europäischer *Departmentstores* und *Grand Magazins* wird zum einen klar, welche Wichtigkeit die Gesellschaft diesen Tempeln der Kauflust, andererseits sich selbst beimaß; spiegeln sie doch die Anfänge gekonnter Selbstinszenierung und beabsichtigter Selbsterhöhung wider.

Mittels historisierender Inszenierung wurde das Warenhaus baulich in die zeitgenössische Moderne eigegliedert, welche für Museen, Regierungsgebäude, Brücken[81] bezeichnend war. So avancierte es zu einem Zentrum technischer und organisatorischer Innovation sowie der Konsumentendemokratisierung – und schließlich zu einem Fixum im modernen Stadtbild. Auch die Reflektionen und Betrachtungen der Zeitgenossen geben Einblick in die tiefe Veränderungen, die ihren real erlebbaren Ausdruck in der Installierung der großen Warenhäuser in den Metropolen Europas fanden. So heißt es in Paul Göhres früher Auseinandersetzung mit der europäischen Kultur der Jahrhundertwende über die Eingangshalle des Kaufhauses „Wertheim" in Berlin:

> *„[Man] denke an den herrlichsten und größten Versammlungssaal in Deutschland, an die mächtige Einfahrtshalle des modernen Zentralbahnhofs, an den prunkvollsten Krönungssaal unserer Fürstenschlösser, an das dämmrige Riesenschiff des Kölner Doms: von allen diesen Räumen ist etwas in ihm, mit ihnen allen ist er verwandt; ihnen allen erscheint er gleichwertig und ebenbürtig."*[82]

---

[81] Brücken scheinen auf den ersten Blick wenig beeindruckend oder innovativ, aber dennoch stellen sie einen bedeutenden Teilbereich moderner Architektur dar. Nicht nur sinnbildlich markieren sie den Übergang zur Moderne, deren wirtschaftliche Wiege in der Stahl- und Eisenproduktion lag; deren Fortschritt und dynamische Veränderung Ausdruck in der Technisierung, Maschinisierung und Rationalisierung bestand. Die neuen Eisen-und Stahlelemente westlicher Architektur symbolisierten den Aufbruch in eine neue Epoche; sie bilden mit Bauten wie dem Eifelturm, der Freiheitsstatue in New York sowie dem Ausbau europäischer Bahnhofsgebäude, Markthallen und Museumskonstruktionen eine Reihe von baulichen Manifesten zum Selbstverständnis moderner Gesellschaften.
[82] Göhre, Warenhaus, 20f.

6.1 Warenpräsentation

Neben „*Baumaterialien wie Glas, Gußeisen, Stahl und später Beton [...], die eine Voraussetzung für die amerikanische Wolkenkratzerarchitektur bildeten"*[83], wurden die Beleuchtungsmethoden des Innenraumes zum zentralen Moment der Warenhausarchitektur. Licht repräsentierte Wohlstand, Sauberkeit – Erleuchtung –, technischen Fortschritt und Verschwendung (viele Lampen der Außenbeleuchtung wurden die ganze Nacht über angelassen), und so setzte man zusehens auf Lichthöfe, Glasfassaden und ausladende Beleuchtungskörper.[84]

Die Art und Weise, in welcher die neuartigen Konstrukte des Warenhauses ihre Waren präsentierten, wurde maßgeblich durch die neuen Anforderungen an den Detailhandel gestaltet. So bestimmte die Anforderung des Handels die Aufgaben der modernen Architektur; das Gebäude musste passender Rahmen des ‚realen Tagtraumes' und gleichzeitig der Präsentierteller der angebotenen Ware sein. „*Even the browsers would leave the store with new desires on their minds [...] and would therefore soon be back for something else."*[85]

> „*Das Warenhaus kann als gewaltige Vitrine zur Präsentation der neuen Warenwelt betrachtet werden, wobei [...] die Architektur des Warenhauses mit seinem einladenden Entree, den weiten Hallen, den eleganten Stiegenhäusern und dem prächtigen Dekor den idealen Rahmen dafür bieten, daß der Käufer, [...] den vielfachen Lockungen der Ware erliegt.*"[86]

Warenhäuser positionierten sich als realitätserschaffende Institutionen; sie erschufen sich als Immaginateure käuflicher Wunschwelten, als neue Religion. Und auch neue Konsumformen, welche sie *als multisensitive und einmalige Ereignisse inszeniert[en]*.[87] So verschwimmen die Grenzen zwischen echter Kunstwelt und künstlicher Echtwelt.[88] (Hier unterscheidet der Autor 3 mögliche Varianten):

- *die typisierte Fremde*

- *die idealisierte, pittoreske Vergangenheit*

- *eine Welt der phantastischen Technik*

---

[83] Lehne, Warenhäuser, 6.
[84] Ebd., 6.
[85] Lancaster, Department Store, 18.
[86] Lehne, Warenhäuser, 3.
[87] Ebd., 53.
[88] Drolshagen nach Opaschowski, Eventkultur, 16f.

Mittels idealisiert-typisierten Parallel- und Vergangenheitswelten kreierten Warenhäuser eine unüberwindliche Divergenz zwischen idealer und realer Welt. Die Stilisierung einer käuflichen Idealwelt beruht auf und erzeugt gleichzeitig die Abwertung der tatsächlichen Realität[89], fungiert allerdings zeitgleich als Sprit für den Selbsterhaltungsmotor der neuen Wirtschaftsgesellschaft.

6.2 Technik der Moderne

Boileau war wie Eiffel einer der ersten Architekten, die Eisen- und Stahlkonstruktionen in Bauten des Historizismus einfließen ließen. Zeitgenössische Reaktionen waren unter anderem: *„Dazzling and sensous ... a permanent fair"*, nach Lancaster über den Bon Marché.[90]

> *„Unwillkürlich kommt einem der Vergleich mit einem modernen Ozeandampfer in den Sinn. Beide Bauten von riesigen Dimensionen, in deren Inneren jedes Plätzchen auf das sorgfältigste und überlegteste ausgenutzt, in die das ganze komplizierte Leben der heutigen Gesellschaft zusammengepreßt ist. Beide, Ozeandampfer wie Warenhaus, ein Triumph moderner, gesellschaftlich organisierter menschlicher Arbeit."*[91]

Einerseits bildet die technische Ausstattung des modernen Warenhauses eine gesellschaftlich vertretbare Weise für Männer, sich von den Phantasmen dieser neuartigen Wunderwelt verzaubern zu lassen. Denn der Autor nutzt die Gelegenheit, um dem *Männerauge* ebenfalls einen Blick ins Innere des Warenhauses zu empfehlen – freilich, um das kulturelle und sozialpsychologische Phänomen einer monumentalen Industriegesellschaft in seiner ganzen architektonischen Moderne analysieren zu können. *„Wer aber einen Über- und Einblick in das Haus und sein Getriebe gewinnen will, bedarf häufigerer Besuche, fast eines richtigen Studiums."*[92]

So befinden sich in den Kellergeschoßen Lager aller Art sowie der Maschinenraum für Luft- und Wassertechnik des Gebäudes. *„Eine Kraftanlage, die in ihren technischen Einrichtungen kaum übertroffen [wird]."*[93]

---

[89] Vgl. Opaschowski, Eventkultur, 19.
[90] Lancaster, Konsum, 17f.
[91] Göhre, Warenhaus, 35f.
[92] Ebd., 15.
[93] Vgl. Ebd., 34f.

Ausgestattet mit modernster Technologie wie automatischen Bewegungsabläufen der Kohlezufuhr bis hin zu Akkumulatoren, die im Notfall das Warenhaus stundenlang mit Licht versorgen könnten, repräsentiert das Warenhaus die technologische Wende, die den Warenkapitalismus im Hintergrund (oder eben im Untergrund) begleitete.[94]

So baut das Warenhaus in doppeltem Sinn auf die Neuerungen der Technik auf; in der Unternehmensstruktur, als Basis für die Leistungsexpansion eines derart großen Funktionsmechanismus des Einzelhandels und rein architektonisch – mit einem Keller voll technischer Einrichtungen. Doch ist Technik nicht nur reine Ausstattung des Baus, sondern bei genauerer Betrachtung auch Vorlage für die Organisationsstruktur.

> *„Denn die [...] wichtige Metapher, die [Emile Zola] immer wieder für das Warenhaus wählt, ist die der Maschine, die eines gut funktionierenden, autarken, unbarmherzigen Mechanismus, in dem eine Fülle von Abläufen reibungslos ineinandergreifen; wo die zahllosen Angestellten ebenso wohlgesteuert und kontrolliert ihren Dienst versehen wie die Apparate für Aufzüge, Beheizung und Beleuchtung in den tiefen Kelleretagen."*[95]

---

[94] Göhre, Warenhaus, 34f.
[95] Lehne, Warenhäuser, 4.

7 QUELLENINTERPRETATION : PAUL GÖHRE ÜBER DAS WARENHAUS

Im Folgenden werde ich näher auf das 1907 veröffentlichte Büchlein von Paul Göhre über das Warenhaus eingehen. Es präsentiert sich als seiner Zeit zweckmäßig verschrieben, denn Göhre möchte *„eine Lücke füllen"*[96], indem er die erste Warenhausbeschreibung durchführt. Dies sei notwendig, um die – zu diesem Zeitpunkt bereits vorhandene *„Masse [an] Warenhäusern"*[97] in *„sozialpsychologischem Kontext"*[98] zu begreifen. Die Beschreibung des Typus Warenhaus soll am Beispiel des *„größten und besten deutschen Warenhaus"*[99] – Wertheim – durchexerziert werden.

Anhand der in der Einführung dargestellten Notwendigkeit der Beschreibung des Warenhauses erkennen wir, dass es einerseits weit verbreitet und fest etabliert, andererseits der öffentliche Diskurs von bereits so großer Bedeutung gewesen sein muss, dass diese Darstellung wissenschaftliche (oder zumindest semiwissenschaftliche) Relevanz besessen haben muss.

Des Weiteren sind Aufbau und Schlussfolgerungen des Werkes – wenn man über die zeitlichen und wissenschaftlichen Entstehungsumstände hinweg zu sehen bereit ist – durchaus als zu meinen parallel zu bezeichnen. So heißt es unter anderem bei Göhre: *„Das Warenhaus ist die modernste, vom modernen Kapitalismus am stärksten bedingte Form des Detailhandels. Der moderne Kapitalismus hat, soweit wenigstens Deutschland in Betracht kommt, vor etwa fünfzig Jahren seinen Einzug in das Gebiet des Detailverkaufs zu nehmen begonnen"*[100], was durchaus auch mit dem von mir gesetzten zeitlichen Rahmen übereinstimmt.

Doch stützt Göhre seine sozialpsychologischen Grundbetrachtungen auf das ideelle Konzept des Kapitalismus Sombarts[101], dessen Theorien für deren traditionell-konservativen Charakter bekannt sind. Weiters geht er auf die Veränderung traditioneller Angestelltenverhältnisse ein; sie lösten sich unter dem Druck des ‚modernen' Detailhandels zusehens (zwischen Lehrling und Meister) auf, während es zeitgleich vielerorts zu Neugründungen kleiner Spezialgeschäfte kam. Die gesellschaftliche Veränderung, die dieser Umstrukturierung zugrunde lag, kann salopp gesprochen den Wunsch ausdrücken, sein eigener Herr'

---

[96] Göhre, Warenhaus, 5.
[97] Ebd.
[98] Ebd.
[99] Ebd.
[100] Ebd., 101.
[101] Vgl.Ebd., 101ff.

sein zu wollen und dafür auch genügen monetäre Mittel zur Verfügung zu haben, was meine Ausführungen über das Wesen der aufkommenden Bankenwirtschaft belegt.

Zunächst lesen wir Göhres nüchterne Einschätzung: *„[Die] Hauptaufgabe [des Warenhauses liegt] in der Befriedigung der Durchschnittsansprüche breiterer Massen mit Durchschnitts-gebrauchsartikeln [...]*"[102], also darin, *„den kolossal gesteigerten Konsum neugestaltiger Mittel, den kolossal gesteigerten Kon-sum einer kolossal angewachsenen Bevölke- Bevölkerungsmasse zu befriedigen."*[103] Doch trotzdem kommt er nicht umhin, eine Passage über die phantastischen Wesenszüge des Warenhauses einzufügen. Geschichten, in welchen ein Elephant wie ein Lieferartikel wieder zurückgenommen wurde (und das bei den Unkosten für seine Fütterung!), die Lieferung eines Sarges, den der Verstorbene zu Lebzeiten selbst bestellt hatte und sogar eine Anekdote über einen Großindustriellen, welcher offiziell auf Brautschau unter den Verkäuferinnen gewesen war[104], vermitteln das Warenhaus als einen magischen Ort, an dem alles möglich ist – so unmöglich es auch scheinen mag. Gleichzeitig sind diese Geschichten Zeugnis des ‚Verdinglichungscharakters', welcher mit der Mentalität einer Kaufgesellschaft auf Menschen, Tiere, Eindrücke, Erlebnisse und Wertanschauungen übergriff.

Und so resümiert Göhre letztlich über den Charakter des Warenhauses als gesamtgesellschaftliches Phänomen:

> *„So repräsentiert sich das Warenhaus scheinbar als ein sehr bunt zusammengesetzter Mischbau moderner Detailhandelsformen und ist demnach [...] ein eigenes, selbstgewachsenes, eigenartiges Gebilde, ja das eigenartigste, originellste und zugleich modernste von allen genannten, eine in sich ruhende, geschlossene, oft großartig Organisation des modernen Detailhandels. Es ist von allen der entwickelste Detailhandelsbetrieben und erinnert [...] dennoch wieder an die einstige Urform alles bodenständigen Detailhandels überhaupt, and en alten Gemischtwarenladen. Ja, unter dem Gesichtswinkel dieses Vergleichs ist das Warenhaus geradezu die ins Riesenhafte, Moderne, Vielseitigste, Glänzende gesteigerte Gemischtwarenhandlung der ältesten Zeit; nur daß beide sich zueinander verhalten, wie sich die Kultur jener alten zu der Kultur unserer Tage verhält."*[105]

---

[102] Göhre, Warenhaus, 121.
[103] Ebd., 127.
[104] Vgl.Ebd., 118ff.
[105] Ebd., 111.

8 MODERNE RELIGION

„Die Ware wird zum Geist verklärt und die Marke wie eine echte Religion gehandelt [...], es herrscht die Religion des Marktes."[106] Opaschowski spricht hier einen wichtiges Moment moderner Gesellschaften an: Durch die Rationalisierung der Aufklärung kam es zur „Entzauberung der Welt"[107], in welcher das Streben der Menschen nach spiritueller Verankerung auf die neu entstandene Gesellschaftsorganisation übertragen wurde. Also nahmen Geld und Marktprozesse eine sakrale Position ein, welche zuvor Gott bzw. die Institution der Kirche innegehabt hatten. „Gott ist tot"[108] (nach Nietzsche) repräsentiert den wissenschaftlichen bis öffentlichen Diskurs jener Umbruchsphase, in welcher sich die Transformation vom protestantischen zum konsumatorischen Lebensstil (nach Lenz) abzuzeichnen begann. *„Immer mehr Menschen in den westlichen Industrieländern wollen den Himmel bereits heute auf Erden erleben."*[109]

Die Modernisierung von Gesellschaftsformen, Weltanschauungen und Lebenskonzepten findet ihren Ausdruck in der Abwendung von jenseitsgerichteten Heilsversprechungen. Die Gewichtung des Diesseits bzw. die Translokation des Himmels ins Hier und Jetzt begünstigte die Ausbreitung des kapitalistischen Systems. So resümiert Opaschowski: *„[Im] hier können Heilsversprechungen [...] wahr werden. Die diesseitigen Vorstellungen konzentrieren sich auf die Sehnsucht nach einer heilen Welt, im natürlichen Einklang von Mensch/Natur/Technik. Die jenseitigen Vorstellungen aber speisen sich aus dem im wirklichen Leben Unerfüllbaren."*[110] Nietzsches oben genanntes Postulat steht repräsentativ für die neue Mentalität einer Gesellschaft, die sich um die Bedeutung wirtschaftlicher Dynamiken herum aufzubauen scheint; Technik ersetzt Natur, Konsum die Religion. Der Mensch tritt an die Stelle Gottes; er erschafft ein Paradies, eine Idealwelt – oder zumindest ein neues Bild von ihr.

Auch architektonisch wiederholt sich die Metapher des Gotteshauses; *„es kommt bei einigen Warenhausbauten auch zu formalen Anklängen an gotische Kathedralarchitektur"*[111], die Lehne allerdings auf die bauliche Umsetzung genealogischer Rechtfertigung zurückführt.

---

[106] Opaschowski, Eventkultur, 94.
[107] Vgl. Adorno & Horkheimer, *Die Dialektik der Aufklärung*. 1944.
[108] Vgl. Friedrich Nietzsche, *Die fröhliche Wissenschaft*. 1882.
[109] Opaschowski, Eventkultur, 95.
[110] Ebd., 95.
[111] Lehne, Warenhäuser, 4.

Weiters avancierte die Beleuchtung des Warenhauses zu einem zentralen Anliegen der modernen Ausstellungsarchitektur.

Die bauliche Sprache, die hier zur Verwendung kam, repräsentiert einerseits die Erleuchtung im Inneren – mit erhellten Kaufräumen, die die ausgestellte Ware auf ihren altarartigen Verkaufstischen in sakrale Sphären erheben. Andererseits konnte durch neue technische Möglichkeiten die Außenbeleuchtung die gesamte Nacht über eingeschaltet bleiben, was dem Warenhaus im Stadtbild – und dadurch auch in Wahrnehmung und Bewusstsein der Menschen – einen omnipräsenten Charakter zukommen ließ.

Das hier dargestellte Gedankenkonstrukt ist meiner Ansicht nach ein interessanter Zugang zum mental- und kulturgeschichtlichen Phänomen des Wandels gesamtgesellschaftlicher Prioritäten. Denn so wie Gott und Gottesfurcht mit Mittelalter über Herrschaft, Macht oder auch Krieg und Frieden zwischen europäischen Großmächten entscheidende Motoren sein konnten, bewegt der Glaube an den Wert von Geld und geldgesteuerten Prozessen heute ebenfalls machtorientierte Dynamiken zwischen den Menschen und ihren Staaten. So ist, meiner Meinung nach, der Vergleich dieser beiden Konstrukte oder Systeme kein illusionistischer, sondern einer, der wegen vieler Parallelen und auch großer Deckungsgleichheit gesellschaftlicher Grundpfeiler, durchaus Berechtigung findet.

9 RESÜMEE

Das Warenhaus ist in der vorliegenden Arbeit als Schnittstelle zwischen Individuum und Gesellschaft, zwischen Vormoderne und Moderne, zwischen Theorie und Praxis behandelt worden. In ihm manifestiert sich das nunmehr potente Wirtschafts-und Bildungsbürgertum, welches mittels Demokratisierung aller Lebensbereiche eine neue Ära gesellschaftlicher Veränderung sowie der damit einhergehenden Selbstwahrnehmung konstruiert hat. Doch nicht allein der Aufschwung gehobener Schichten, auch der rasante Anstieg der Gesamtbevölkerung, welcher durch die Technik der Moderne angefacht wurde, verlieh dem Wirtschaftsumschwung eine Massendynamik, welche die heutige Form moderner Globalkultur geprägt hat.

1.) Der Bevölkerungsdruck also beschleunigte die Ausweitungstendenzen des Handels und somit des kapitalistischen Systems[112]; unter Anderem am Beispiel der österreichischen Monarchie nachvollziehbar, deren Manufakturwesen bereits am Ausgang des 18. Jahrhunderts von konstanter Zuwanderung abhing. In dritter Generation konnten diese Wirtschaftsmigranten bereits eine beachtliche Schicht des aufkeimenden Wirtschaftsbürgertums stellen. Den Umstand der stetigen Bevölkerungszunahme kann auf die Gesellschaftsdynamiken, welche durch die Etablierung der Industrialisierung entstanden, zurückgeführt werden.

2.) Nach der industriellen Revolution stellten europäische Volkswirtschaften von agrarischer auf industrielle Produktion um, doch erst, als sich Industrie und Handel miteinander arrangierten und eine funktionierende marktwirtschaftliche Einheit bildeten, konnte sich auf dieser Basis ein ökonomischer Wandel der konsumorientierten Güterproduktion herausbilden. Dies war der Weg in die moderne Umverteilung von Macht; weg von ständisch-angeborener Verfügungsgewalt, hin zu leistungsorientierter Individual'macht'. Der Besitz von Arbeitskraft machte jeden zum marktökonomischen Faktor mit der Möglichkeit auf soziale Mobilität: die Gesellschaft hatte eine grundlegende Demokratisierung erfahren.

3.) Doch die Besonderheit der modernen Konsumgesellschaft, die sich im 18. und 19. Jahrhundert auf der Basis konsumkräftiger bürgerlicher Schichten entwickelt hatte, lag weniger darin,

---

[112] Vgl. Ingrid Mittenzwei, Zwischen Vergangenheit und Zukunft. Der Wirtschaftsbürger am Ende des 18. Jahrhunderts, in: Gunda Barth-Scalmani (Hg.) u.a., Genie und Alltag. Bürgerliche Stadtkultur zur Mozartzeit. Otto Müller Verlag, Salzburg, Wien. 1994. 203-220. 209.

> „dass massenhaft und billig produzierte Waren zur Deckung elementarer Bedürfnisse eingesetzt werden konnten, und auch nicht, dass Waren zur Darstellung der eignen Schichtzugehörigkeit genutzt werden – beide Phänomene treten schon zeitlich früher auf – sondern vielmehr, dass (zumindest theoretisch) jede Art von Ware für jedermann erreichbar wurde; und sei diese Erreichbarkeit auch ‚einen Lottogewinn weit' entfernt."[113]

Dieser Luxus ist zum ersten Mal für jeden sicht-wie greifbar; die Träume und Wünsche der Menschen werden wie sie selbst homogenisiert.

Doch dort, wo die Grenzen zwischen den Menschen aufgehoben scheinen, sind sie manchmal am stärksten spürbar. Da nun jeder einen Blick auf die unbegrenzten Möglichkeiten der Konsumwunderwelt werfen kann, kann auch jeder sehen, was er nicht imstande ist, sich zu leisten. So rutschen die Klassen – die sich nun über ihre Rolle im Wirtschaftssystem und nicht in einer gottgegebenen Ständeordnung manifestierten – trotz Demokratisierung und Homogenisierung der Konsumentenmasse wieder auseinander.

3.) Die zunehmende wirtschaftliche Stabilität ermöglichte nicht nur den Konsum für Arbeiter, auch konnten Arbeiter- wie Angestelltenschicht eine klasseninterne Differenzierung hervorbringen. *„Simmel identifiziert als Antriebsfeder für den Modekonsum jedenfalls den Wunsch nach Distinktion bei gleichbleibender Einbindung in eine bestimmt soziale und gesellschaftliche Schicht. Man will anders sein, aber doch als einer Statusgruppe zugehörig identifizierbar bleiben"*[114].

4.) Mittels Modekonsum konnten weibliche Konsumenten sich eine Position innerhalb einer auf Konsum angewiesenen Wirtschaftsform sichern und einen Schritt Richtung Redefinierung des Geschlechtergefälles machen. Denn so konnten *„[...] Insbesondere Frauen von den neuen Freiheiten profitieren [...] und dies auch öffentlich sichtbar taten. Frauenarbeit, überhaupt das selbstbestimmte Auftreten von Frauen in der Öffentlichkeit, wird so zu einem sichtbaren (und umstrittenen) Zeichen der Modernität."*[115]

Die Akzeptanz der inhaltlichen sowie die Errichtung des baulichen Rahmens der modernen Warenhauses sind die beiden Grundpfeiler meiner wissenschaftlich abgehandelten Behauptung, das Warenhaus sei „das Tor zur Moderne". Veränderte Produktionsverfahren, basierend auf Kapitalakkumulationen der Hochindustrialisierung und dem Wandel der öffentlichen Wahrnehmung von Gesellschaftsphänomenen unter dem steigenden Bevölkerungsdruck und dem damit einhergehenden Konkurrenzdruck des Arbeitsmarktes

---

[113] McKendrick/Brewer/Plumb und Scharge nach Lenz, Konsum, 18.
[114] Simmel nach Ebd., 104.
[115] Ebd., 121.

kapitalistischer Wirtschaftssysteme, habe ich in dieser Arbeit als im Phänomen Warenhaus zusammenlaufende Veränderungsprozesse darzustellen versucht.

Das Warenhaus ist das Denkmal, dass eine neue Gesellschaftsform sich selbst errichtete. Und auch, wenn dieses Monument nicht als luxuriöses Selbstzeugnis geplant war, so wird dies nach genauerer Überlegung doch jedem seiner Betrachter[116] unmissverständlich klar.

> *„Das Paradoxon der Individualisierung stellt sich für die Soziologen Hans van der Loo und Willem van Reijen als widersprüchlicher Prozess zwischen Verselbstständigung und Abhängig-Werden dar. Die Freiheit, die eigene Identität generieren zu können, ist aber auf der anderen Seite auch als Zwang zu verstehen. [...] Über den Konsum und Gebrauch von Waren, durch die Aneignung eines mit käuflichen Gegenständen verbundenen Zeichensystems also, konnte um 1900 Individualität sichtbar gemacht werden. Die Anonymität der Großstadt zwang, so Simmel, den Einzelnen geradezu zu einer expressiven Selbstdarstellung, die vor allem über Mode gewährleistet werden konnte."*[117]

---

[116] Vgl. Göhre, der in seiner zeitgenössischen Betrachtung zum Warenhaus meint: „... *hier ist neuartige, modernste Schönheit",* Warenhaus, 31.
[117] Lenz, Konsum, 121f.

10 LITERATURNACHWEISE

10.1 Buchtitel

- Arnold Centner, Die volkswirtschaftliche Bedeutung des Einzelhandels. Dissertation zur Erlangung des wirtschaftswissenschaftlichen Doktorgrades der Schlesischen Friedrich-Wilhelms-Universität zu Breslau. Druckerei Konrad Triltsch. Breslau 1941.

- Helmut Frei, Tempel der Kauflust. Eine Geschichte der Warenhauskultur. Leipzig, Edition. Leipzig 1997.

- Paul Göhre, Das Warenhaus. (= Die Gesellschaft. Sammlung sozialpsychologischer Monographien, Bd 12). RüttenLoening. Frankfurt am Main 1907.

- Arnold Haase, Der Detailhandel in Frankreich. Dissertation der Friedrich-Wilhelms-Universität Berlin. Berlin 1930.

- Julius Hirsch, Die Filialbetriebe im Detailhandel. Unter hauptsächlicher Berücksichtigung der kapitalistischen Massenfilialbetriebe in Deutschland und Belgien. (= Kölner Studien zum Staats- und Wirtschaftsleben, Heft 1). Webers Verlag, Bonn 1913.

- Wolfgang Hocquél, John Dennis Gartrell [Übersetzer], Architektur für den Handel: Kaufhäuser, Einkaufszentren, Galerien, Geschichte und gegenwärtige Tendenzen – architecture for the retailtrade/ mit einem Werkbereich der Architekten RKW. Birkhäuser – Verlag für Architektur, Basel, Boston, Berlin 1996.

- Friedrich W. Köhler, Zur Geschichte der Warenhäuser. Seenot und Untergang des Hertie-Konzerns. Haag und Herchen, Frankfurt am Main 1997.

- Bill Lancaster, The Department Store. A social history. Leicester University Press, London, New York 1995.

- Andreas Lehne, Wiener Warenhäuser 1865 – 1914. (= Forschungen und Beiträge zur Wiener Stadtgeschichte. Publikationsreihe des Vereins für Geschichte der Stadt Wien, Bd 20). Franz Deuticke, Wien 1990.

- Thomas Lenz, Konsum und Modernisierung. (= Kulturen der Gesellschaft, Bd 2). Transcript Verlag, Bielefeld 2011.

- Ingrid Mittenzwei, Zwischen Vergangenheit und Zukunft. Der Wirtschaftsbürger am Ende des 18. Jahrhunderts, in: Gunda Barth-Scalmani (Hg.) u.a., Genie und Alltag. Bürgerliche Stadtkultur zur Mozartzeit. Otto Müller Verlag, Salzburg, Wien. 1994. 203-220.

- Christina Neubauer, Kaufen und Kommunizieren. Eine Kaufgeschichte. Diplomarbeit der Universität Wien 2007.

- Horst Opaschowski, Kathedralen des 21 Jahrhunderts. Erlebniswelten im Zeitalter der Eventkultur. Eine Edition der B.A.T. Freizeit-Forschungsinstitut GmbH. Hamburg 2000.

- Karlheinz Roschitz, Wiener Weltausstellung 1873.Jugend und Volk Verlagsgesellschaft, Wien 1989.

- Doris Rosenkranz, Norbert F. Schneider [Hrsg], Konsum. Soziologische, ökonomische und psychologische Perspektiven. Leske + Budich. Opladen 2000.

- Helmut Tagwerker, Analyse der Ziele und des Konsums. Dissertation der Hochschule für Welthandel in Wien 1970.

- Claudio Torp, Konsum und Politik in der Weimarer Republik, (= Kritische Studien zur Geschichtswissenschaft, Bd 196.) Vandehoeck & Ruprecht, Göttingen 2011.

- Karl Vocelka, Geschichte der Neuzeit. 1500-1918. Böhlau Verlag, Wien 2010.

- Gerhard Wagner, Von der galanten zur eleganten Welt, Das Weimarer Journal des Luxus und der Moden (1786-1827) im Einflußfeld der englischen industriellen Revolution und der französischen Revolution. Von Bockel Verlag, Hamburg 1994.

10.2 Internet

http://www.ub.uni-heidelberg.de/helios/fachinfo/www/kunst/digilit/weltausstellungen/1851_London.html, 30.01.2012.

http://digi.ub.uni-heidelberg.de/diglit/weltausstellung1851d/0047?sid=c518b8c265163d4715ba54b4a094f659, 14.02.2012

10.3 Abbildungen

http://digi.ub.uni-heidelberg.de/diglit/weltausstellung1851d/0008/image?sid=ba65cffcf10b3bf6a5e18d7368b43455#current_page, *The Cyrstal Palace Winter Garden,* Führer zur Weltausstellung in London 1851 aus dem digitalisierten Bestand der Universität Heidelberg. III-XLIV The Great Exhibition of the Industry of all Nations, 1851, The illustrated exhibitor: a tribute to the world's industrial jubilee. London, 1851. Seite: vii.